xue xiao - школа   2
lü xing - подорож   5
jiao tong yun shu - транспорт   8
cheng shi - місто   10
di xing - ландшафт   14
can guan - ресторан   17
chao shi - супермаркет   20
yin liao - напої   22
shi wu - їжа   23
nong chang - ферма   27
fang zi - дім   31
ke ting - вітальня   33
chu fang - кухня   35
yu shi - ванна кімната   38
er tong fang - дитяча кімната   42
yi fu - одяг   44
ban gong shi - офіс   49
jing ji - економіка   51
zhi ye - професії   53
gong ju - інструменти   56
yue qi - музичні інструменти   57
dong wu yuan - зоопарк   59
ti yu - спорт   62
huo dong - дії   63
jia - сім'я   67
shen ti - тіло   68
yi yuan - лікарня   72
jin ji qing kuang - аварійний випадок   76
di qiu - Земля   77
zhong biao - годинник   79
zhou - тиждень   80
nian - рік   81
xing zhuang - форми   83
yan se - фарби   84
fan yi ci - протилежності   85
shu zi - числа   88
yu yan - мови   90
shei / shen me / zen yang - хто / що / як   91
fang wei - де   92

Impressum
Verlag: BABADADA GmbH, Nedderfeld 112 , 22529 Hamburg
Geschäftsführer / Verlagsleitung: Harald Hof
Druck: Books on Demand GmbH, In de Tarpen 42, 22848 Norderstedt

Imprint
Publisher: BABADADA GmbH, Nedderfeld 112 , 22529 Hamburg, Germany
Managing Director / Publishing direction: Harald Hof
Print: Books on Demand GmbH, In de Tarpen 42, 22848 Norderstedt, Germany

xue xiao
школа

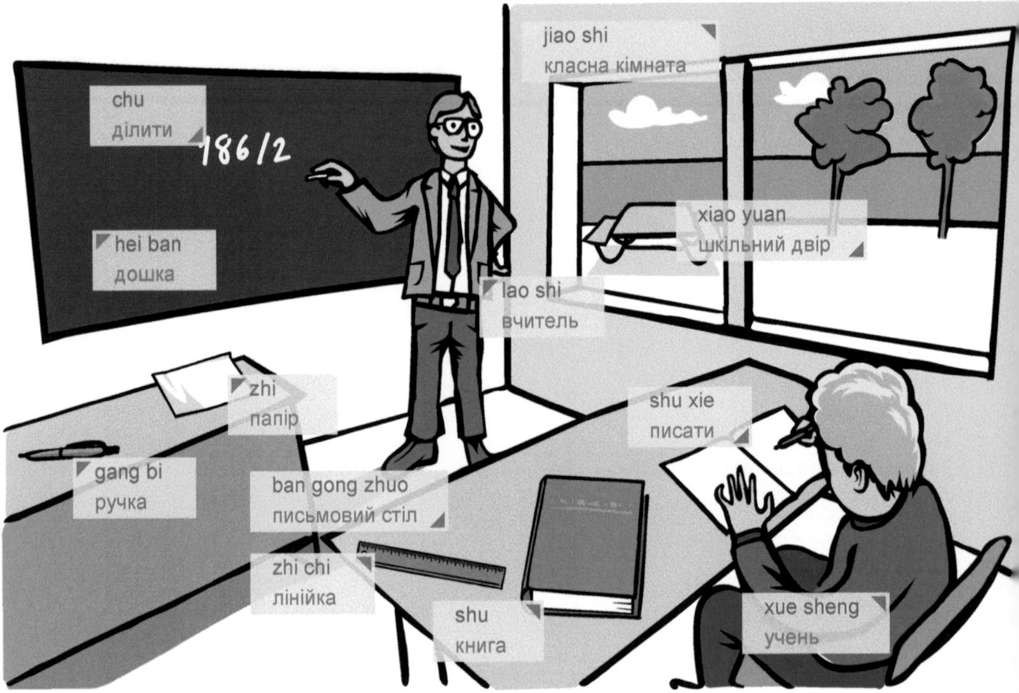

jiao shi
класна кімната
chu
ділити
186/2
hei ban
дошка
xiao yuan
шкільний двір
lao shi
вчитель
zhi
папір
shu xie
писати
gang bi
ручка
ban gong zhuo
письмовий стіл
zhi chi
лінійка
shu
книга
xue sheng
учень

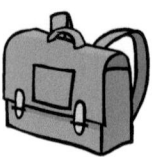

shu bao

ранець

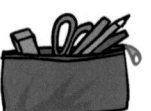

qian bi he

пенал

qian bi

олівець

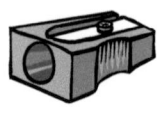

juan bi dao

точило

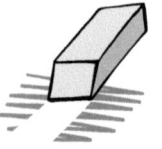

xiang pi ca

гумка

hua ban

альбом для малювання

tu hua

малюнок

hua bi

пензель

yan liao he

коробка фарб

jian dao

ножиці

jiao shui

клей

lian xi ce

зошит

jia ting zuo ye

домашнє завдання

shu zi

число

jia

додавати

jian

віднімати

cheng

множити

ji suan

рахувати

zi mu

літера

zi mu biao

абетка

zi

слово

ke wen

текст

du

читати

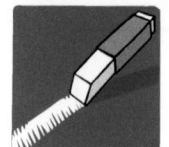

fen bi

крейда

shang ke

година

deng ji

класний журнал

kao shi

екзамен

zheng shu

диплом

xiao fu

шкільна форма

jiao yu

освіта

bai ke quan shu

лексикон

da xue

університет

xian wei jing

мікроскоп

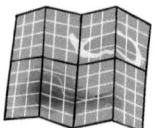

di tu

карта

fei zhi kuang

кошик для паперу

lü xing

подорож

jiu dian
готель
Grand
qing nian lü xing she
турбаза
wai bi dui huan chu
обмінний пункт
EXCHANGE
shou ti xiang
валіза
qi che
автомобіль

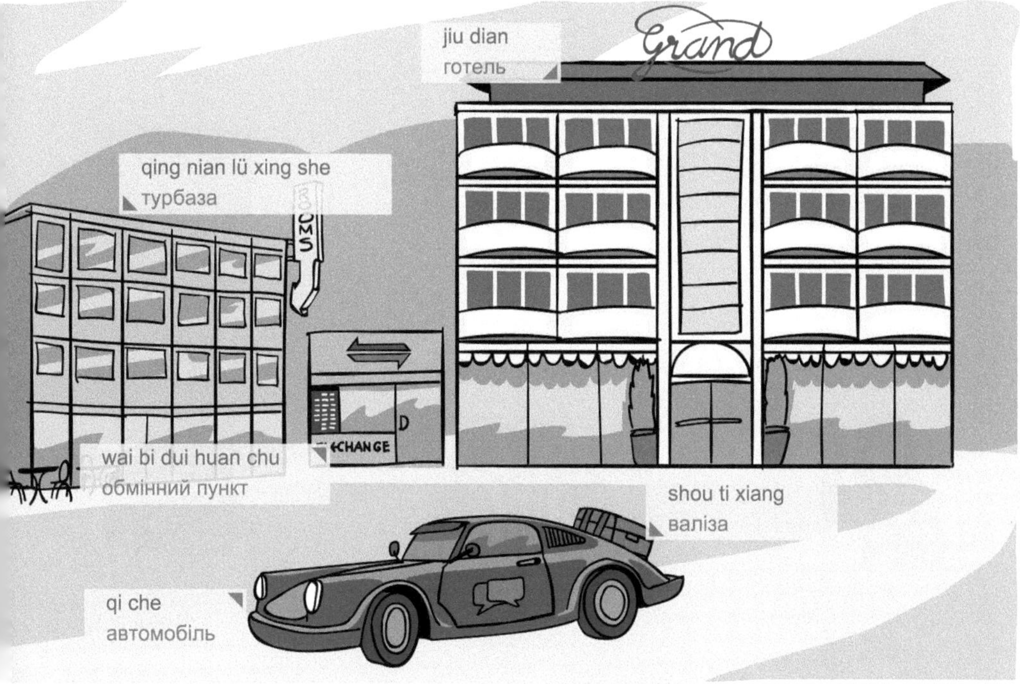

yu yan
мова

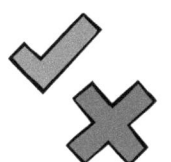

shi/fou
так / ні

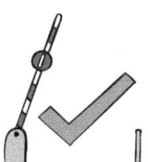

hao de
добре

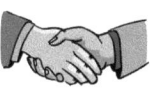

nin hao
привіт

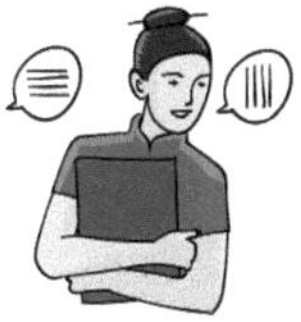

fan yi yuan
перекладач

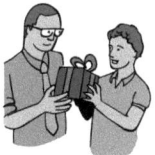

xie xie
дякую

......duo shao qian?

Скільки коштує ...?

wo bu ming bai

Я не розумію

wen ti

проблема

wan shang hao!

Добрий вечір!

zao shang hao!

Доброго ранку!

wan an!

На добраніч!

zai jian

До побачення

fang xiang

напрямок

xing li

багаж

bao

сумка

shuang jian bao

рюкзак

ke ren

гість

fang jian

кімната

shui dai

спальний мішок

zhang peng

намет

lü you xin xi

туристична інформація

hai tan

пляж

xin yong ka

кредитна картка

zao can

сніданок

wu can

обід

wan can

вечеря

piao

квиток

dian ti

ліфт

you piao

поштова марка

bian jie

межа

hai guan

митниця

da shi guan

посольство

qian zheng

віза

hu zhao

паспорт

jiao tong yun shu

транспорт

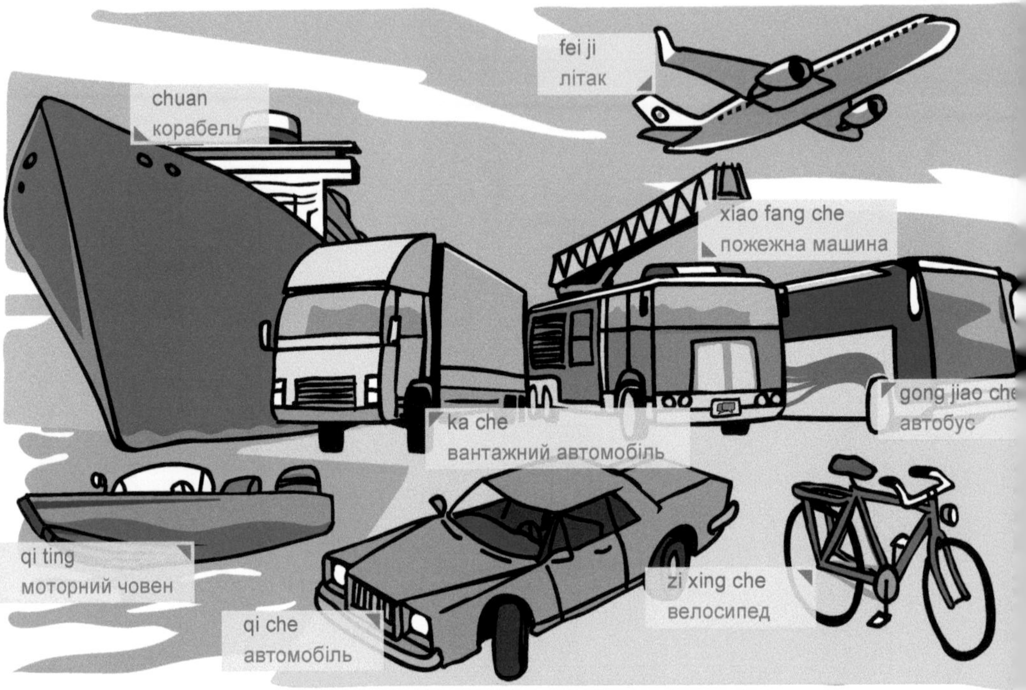

fei ji
літак
chuan
корабель
xiao fang che
пожежна машина
gong jiao che
автобус
ka che
вантажний автомобіль
qi ting
моторний човен
zi xing che
велосипед
qi che
автомобіль

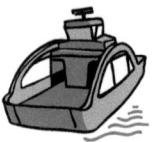

bai du chuan

пором

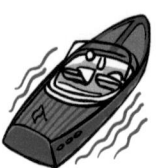

xiao chuan

човен

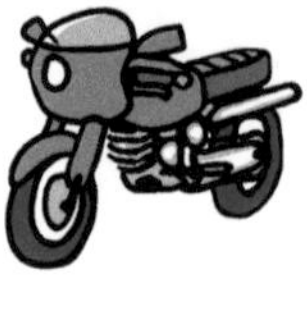

mo tuo che

мотоцикл

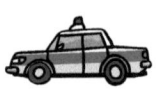

jing che

поліцейська машина

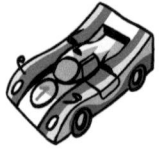

sai che

гоночний автомобіль

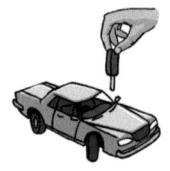

zu che

автомобіль на прокат

pin che

пільне користування авто

tuo che

евакуатор

la ji che

сміттєвоз

fa dong ji

двигун

qi you

паливо

jia you zhan

автозаправна станція

jiao tong biao zhi

дорожній знак

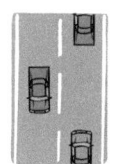

jiao tong

рух

jiao tong du sai

затор

ting che chang

стоянка

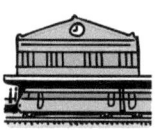

huo che zhan

вокзал

gui dao

рейки

huo che

потяг

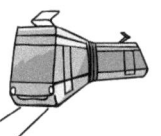

dian che

трамвай

huo che

вагон

zhi sheng ji

гелікоптер

ji chang

аеропорт

ta

вежа

cheng ke

пасажир

ji zhuang xiang

контейнер

zhi ban xiang

коробка

shou tui che

візок

lan zi

кошик

qi fei/jiang luo

стартувати / приземлятися

cheng shi

місто

cun zhuang

село

shi zhong xin

центр міста

fang zi

дім

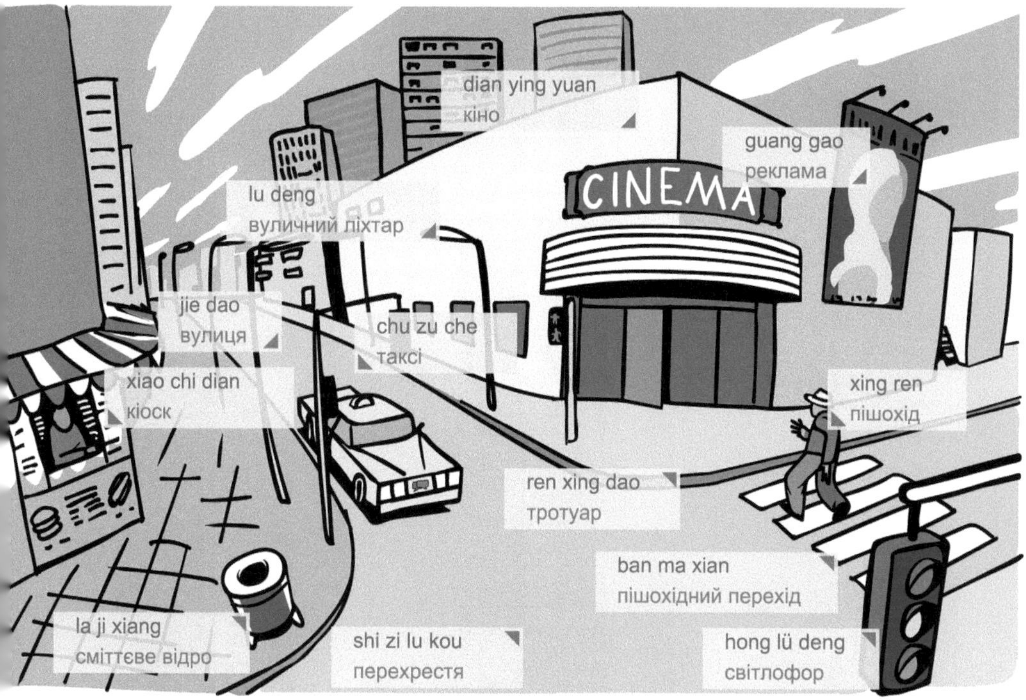

dian ying yuan
кіно

guang gao
реклама

lu deng
вуличний ліхтар

CINEMA

jie dao
вулиця

chu zu che
таксі

xiao chi dian
кіоск

xing ren
пішохід

ren xing dao
тротуар

ban ma xian
пішохідний перехід

la ji xiang
сміттєве відро

shi zi lu kou
перехрестя

hong lü deng
світлофор

xiao wu

хатина

gong yu

квартира

huo che zhan

вокзал

shi zheng ting

ратуша

bo wu guan

музей

xue xiao

школа

da xue

університет

yin hang

банк

yi yuan

лікарня

jiu dian

готель

yao fang

аптека

ban gong shi

офіс

shu dian

книжковий магазин

shang dian

магазин

hua dian

квітковий магазин

chao shi

супермаркет

shi chang

ринок

bai huo shang dian

універмаг

yu dian

торговець рибою

gou wu zhong xin

торговельний центр

hai gang

гавань

gong yuan

парк

chang deng

лава

qiao

міст

lou ti

сходи

di tie

метро

sui dao

тунель

gong jiao che zhan

автобусна зупинка

jiu ba

бар

can guan

ресторан

you tong

поштова скринька

lu biao

вулична табличка

ting che ji shi qi

лічильник паркування

dong wu yuan

зоопарк

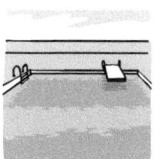

you yong guan

басейн

qing zhen si

мечеть

nong chang

ферма

wu ran

забруднення навколишнього середовища

mu di

кладовище

jiao tang

церква

cao chang

дитячий майданчик

si miao

храм

di xing

ландшафт

shu ye
листок

zhi shi pai
вказівний стовп

lu
шлях

cao di
луг

shi tou
камінь

shu
дерево

tu bu lü xing zhe
мандрівник

he
річка

cao
трава

hua
квітка

xia gu

долина

shan

гора

hu

озеро

sen lin

ліс

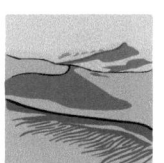

sha mo

пустеля

huo shan

вулкан

cheng bao

замок

cai hong

веселка

mo gu

гриб

zong lü shu

пальма

wen zi

комар

cang ying

муха

ma yi

мурашка

mi feng

бджола

zhi zhu

павук

di xing - ландшафт

jia chong

жук

qing wa

жаба

song shu

вивірка

ci wei

їжак

ye tu

заєць

mao tou ying

сова

niao

птах

tian e

лебідь

ye zhu

кабан

lu

олень

mi lu

лось

shui ba

гребля

feng li fa dian ji

вітряк

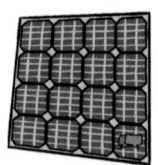

tai yang neng dian chi ban

сонячний модуль

qi hou

клімат

di xing - ландшафт

can guan
ресторан

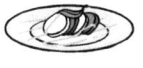

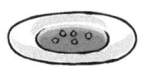

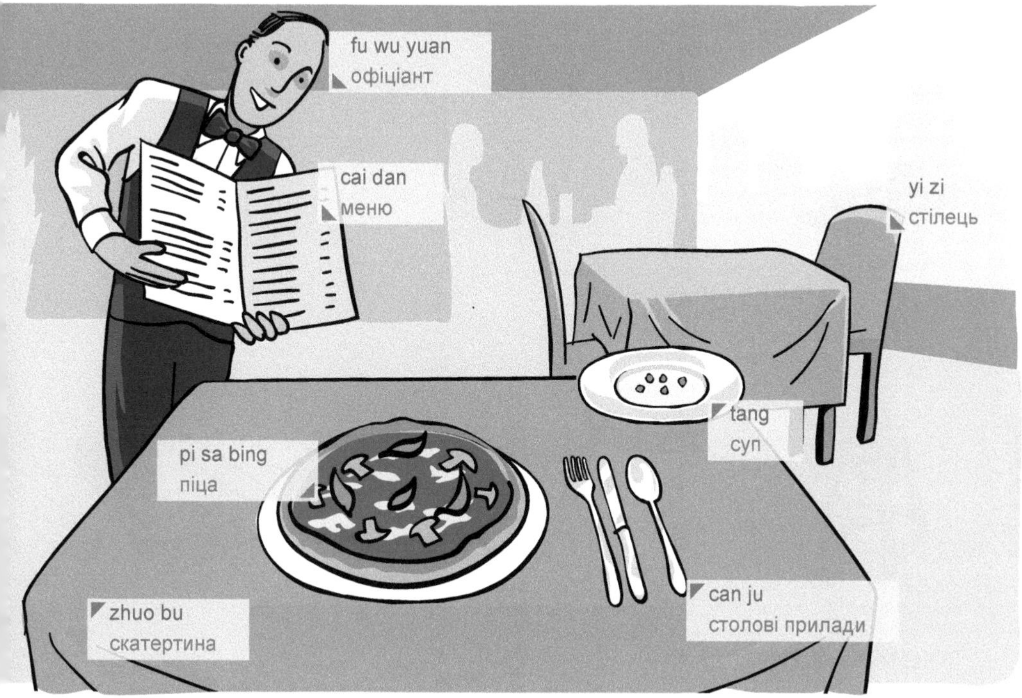
fu wu yuan
офіціант
cai dan
меню
yi zi
стілець
tang
суп
pi sa bing
піца
zhuo bu
скатертина
can ju
столові прилади

qian cai

закуска

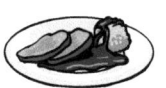

zhu cai

друга страва

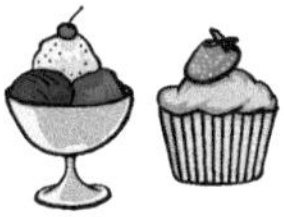

tian dian

десерт

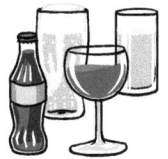

yin liao

напої

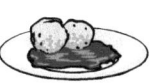

shi wu

їжа

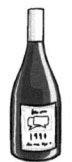

ping zi

пляшка

kuai can

фаст-фуд

jie bian xiao chi

вулична їжа

cha hu

чайник

tang he

цукорниця

yi fen fan cai

порція

yi shi ka fei ji

еспресо-машина

gao jiao yi

високий стільчик

zhang dan

рахунок

tuo pan

піднос

dao

ніж

can cha

вилка

shao zi

ложка

cha chi

чайна ложка

can jin

серветка

bo li bei

склянка

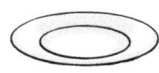

die zi

тарілка

tang pan

тарілка для супу

die zi

блюдце

jiang

соус

yan ping

солонка

hu jiao mo

млин для перцю

cu

оцет

shi yong you

масло

tiao wei liao

спеції

fan qie jiang

кетчуп

jie mo

гірчиця

dan huang jiang

майонез

chao shi

супермаркет

te jia
пропозиція
FOR
gu ke
клієнт
ru zhi pin
молочні продукти
shui guo
фрукти
gou wu che
візок для покупок

BUTCHERS

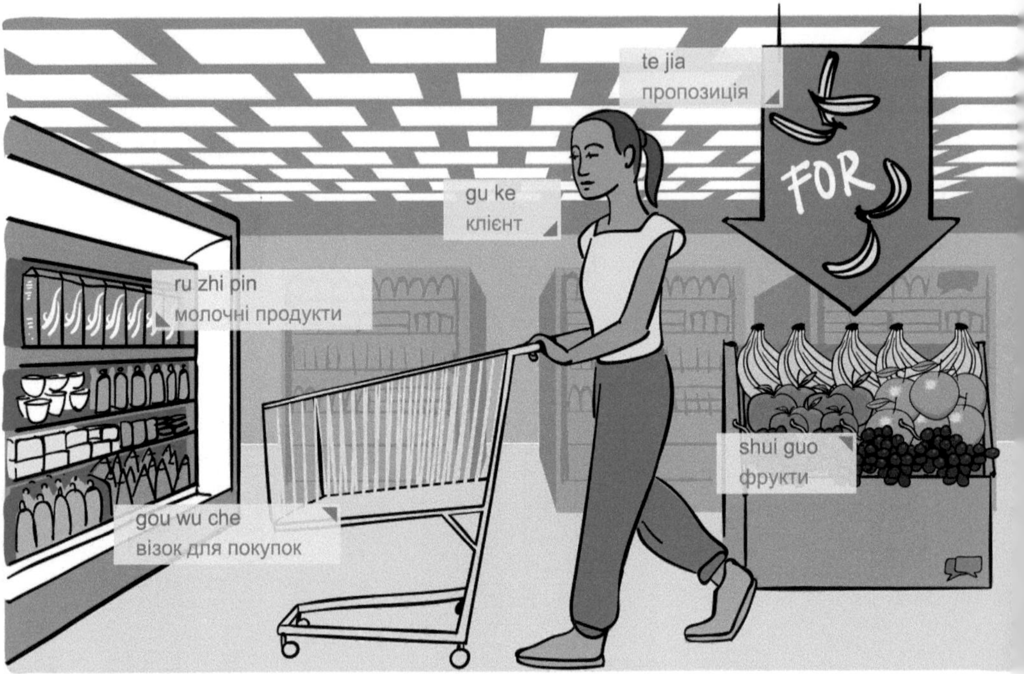

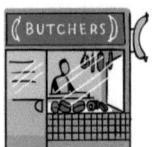

rou pu
....
м'ясний магазин

BAKERY

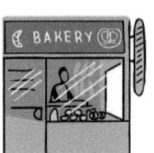

mian bao fang
....
пекарня

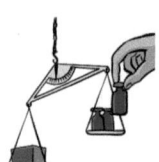

cheng zhong
....
зважувати

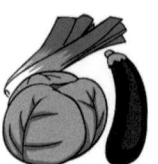

shu cai
....
овочі

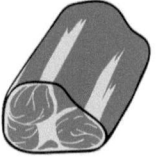

rou
....
м'ясо

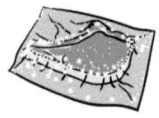

leng dong shi pin
....
заморожені продукти

leng pan

ковбасна нарізка

guan tou shi pin

консерви

xi yi fen

пральний порошок

tian shi

солодощі

ri yong pin

предмети домашнього
побуту

qing jie yong pin

мийний засіб

xiao shou yuan

продавщиця

shou yin ji

каса

shou yin yuan

касир

gou wu qing dan

список покупок

kai fang shi jian

часи роботи

qian bao

гаманець

xin yong ka

кредитна картка

dai zi

сумка

su liao dai

поліетиленовий пакет

chao shi - супермаркет

shui

вода

guo zhi

сік

niu nai

молоко

ke le

кола

hong jiu

вино

pi jiu

пиво

jiu

алкоголь

ke ke

какао

cha

чай

ka fei

кава

yi shi nong suo ka fei

еспресо

ka bu qi nuo

капучіно

xiang jiao

банан

ping guo

яблуко

cheng zi

апельсин

xi gua

кавун

ning meng

лимон

hu luo bo

морква

da suan

часник

zhu zi

бамбук

yang cong

цибуля

mo gu

гриб

jian guo

горішки

mian tiao

локшина

yi da li mian tiao

спагеті

mi fan

рис

sha la

салат

shu tiao

картопля фрі

zha tu dou

смажена картопля

pi sa bing

піца

han bao bao

гамбургер

san ming zhi

бутерброд

zha zhu pai

шніцель

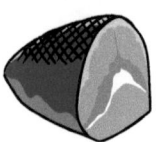

huo tui

шинка

sa la mi

салямі

xiang chang

ковбаса

ji rou

курка

kao rou

печеня

yu

риба

yan mai pian

вівсяні пластівці

mu zi li

мюслі

yu mi pian

кукурудзяні пластівці

mian fen

борошно

yang jiao mian bao

круасан

mian bao juan

булочка

mian bao

хліб

kao mian bao

тостовий хліб

bing gan

печиво

huang you

масло

ning ru

сир

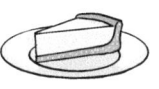

dan gao

пиріг

dan

яйце

jian dan

яєчня

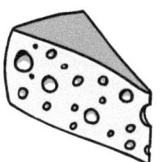

nai lao

сир

bing ji lin

морозиво

tang

цукор

feng mi

мед

guo jiang

мармелад

qiao ke li jiang

нуга-крем

ga li fan

карі

nong chang

ферма

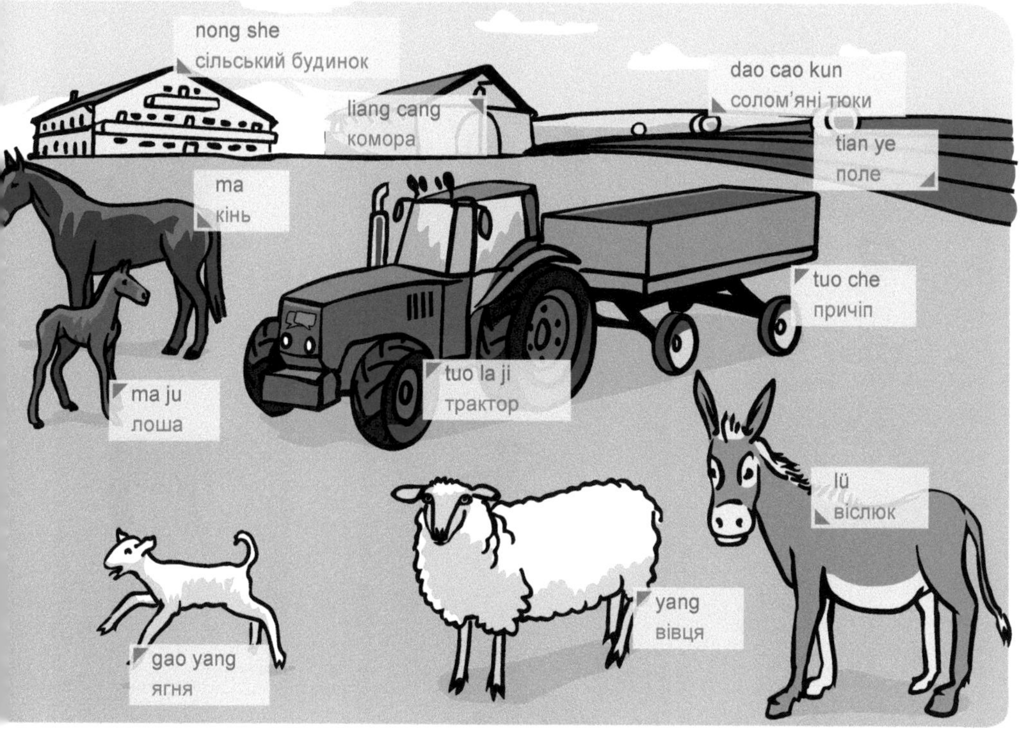
nong she
сільський будинок
liang cang
комора
dao cao kun
солом'яні тюки
tian ye
поле
ma
кінь
tuo che
причіп
tuo la ji
трактор
ma ju
лоша
lü
віслюк
yang
вівця
gao yang
ягня

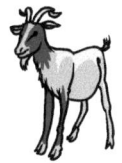

shan yang

коза

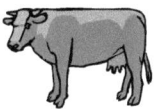

nai niu

корова

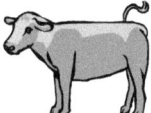

niu du

теля

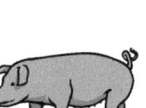

zhu

свиня

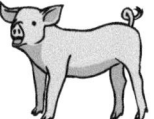

xiao zhu

порося

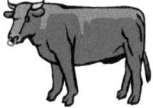

gong niu

бик

e
....
гусак

ya
....
качка

xiao ji
....
курча

mu ji
....
курка

gong ji
....
півень

shu
....
щур

mao
....
кіт

lao shu
....
миша

niu
....
віл

gou
....
собака

gou wu
....
собача будка

hua yuan jiao shui ruan guan
....
садовий шланг

sa shui hu
....
лійка

chang bing da lian dao
....
коса

li
....
плуг

lian dao

серп

chu tou

мотика

chang bing cao pa

вила

fu tou

сокира

du lun shou tui che

тачка

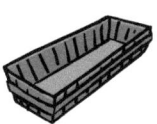

si liao cao

корито

niu nai guan

бідон молока

ma bu dai

мішок

zha lan

паркан

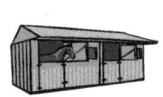

ma jiu

хлів

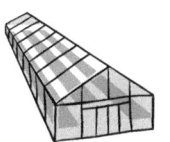

wen shi

теплиця

tu rang

ґрунт

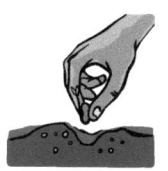

zhong zi

насіння

fei liao

добриво

lian he shou ge ji

комбайн

shou ge

пожинати

shou ge

урожай

shan yao

корінь ямсу

xiao mai

пшениця

da dou

соя

tu dou

картопля

yu mi

кукурудза

you cai zi

ріпак

guo shu

плодове дерево

shu shu

маніок

gu wu

злаки

fang zi
дім

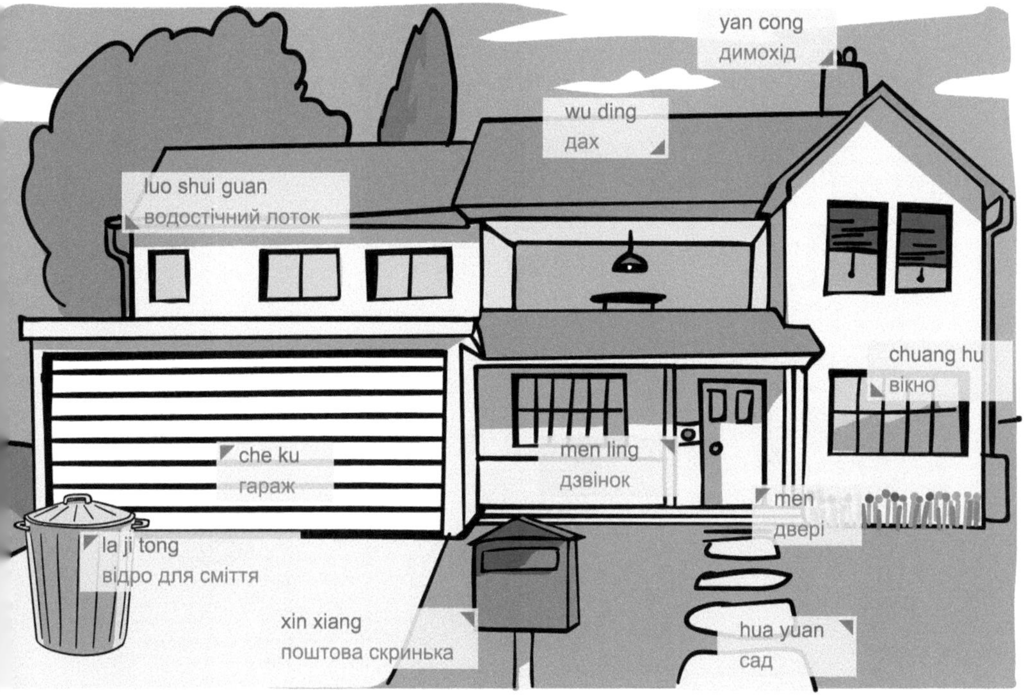
yan cong
димохід
wu ding
дах
luo shui guan
водостічний лоток
chuang hu
вікно
che ku
гараж
men ling
дзвінок
men
двері
la ji tong
відро для сміття
xin xiang
поштова скринька
hua yuan
сад

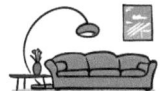

ke ting

вітальня

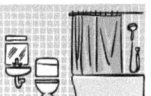

yu shi

ванна кімната

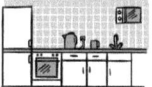

chu fang

кухня

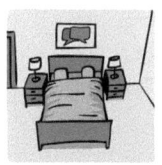

wo shi

спальня

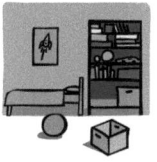

er tong fang

дитяча кімната

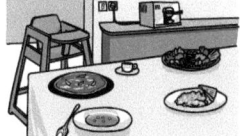

can ting

їдальня

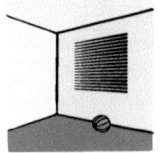

di ban

підлога

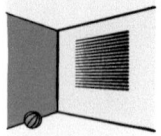

qiang bi

стіна

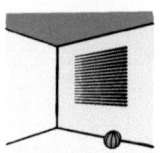

diao ding

стеля

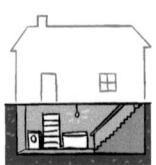

di jiao

підвал

sang na

сауна

yang tai

балкон

lu tai

тераса

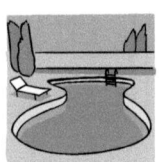

you yong chi

басейн

ge cao ji

косарка

bei dan

простирало

chuang zhao

ковдра

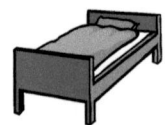

chuang

ліжко

sao zhou

мітла

shui tong

відро

kai guan

перемикач

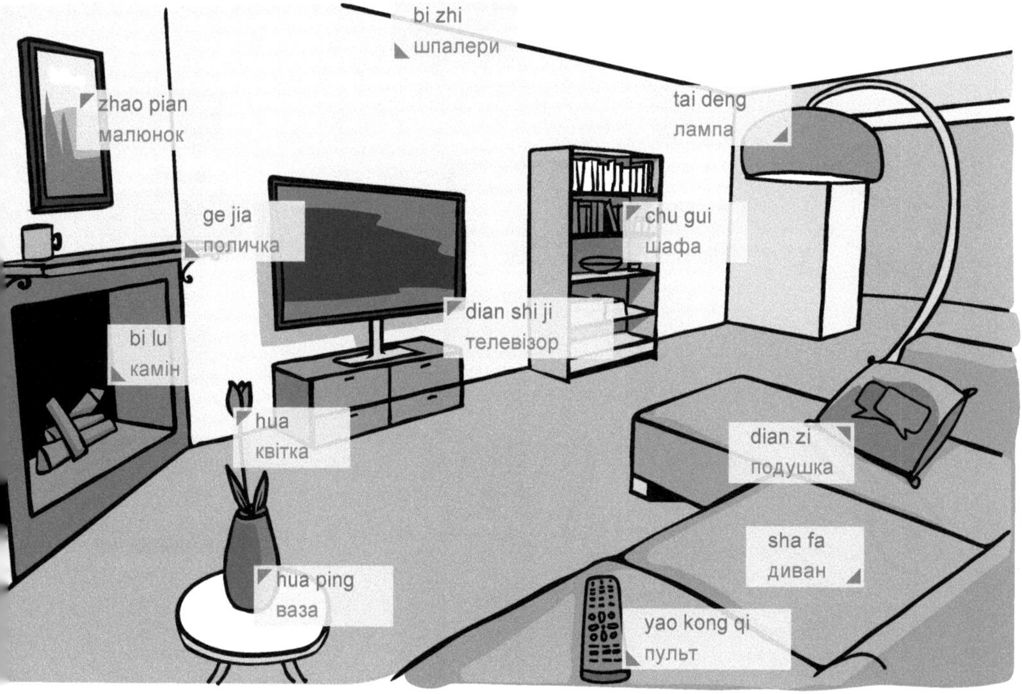

bi zhi
шпалери

zhao pian
малюнок

tai deng
лампа

ge jia
поличка

chu gui
шафа

dian shi ji
телевізор

bi lu
камін

hua
квітка

dian zi
подушка

sha fa
диван

hua ping
ваза

yao kong qi
пульт

di tan

килим

chuang lian

завіса

can zhuo

стіл

yi zi

стілець

yao yi

крісло-гойдалка

fu shou yi

крісло

shu

книга

tan zi

ковдра

zhuang shi pin

прикраса

mu chai

дрова

dian ying

фільм

gao bao zhen yin xiang

стереосистема

yao shi

ключ

bao zhi

газета

you hua

картина

hai bao

плакат

shou yin ji

радіо

bi ji ben

блокнот

xi chen qi

пилосос

xian ren zhang

кактус

la zhu

свічка

chu fang
кухня

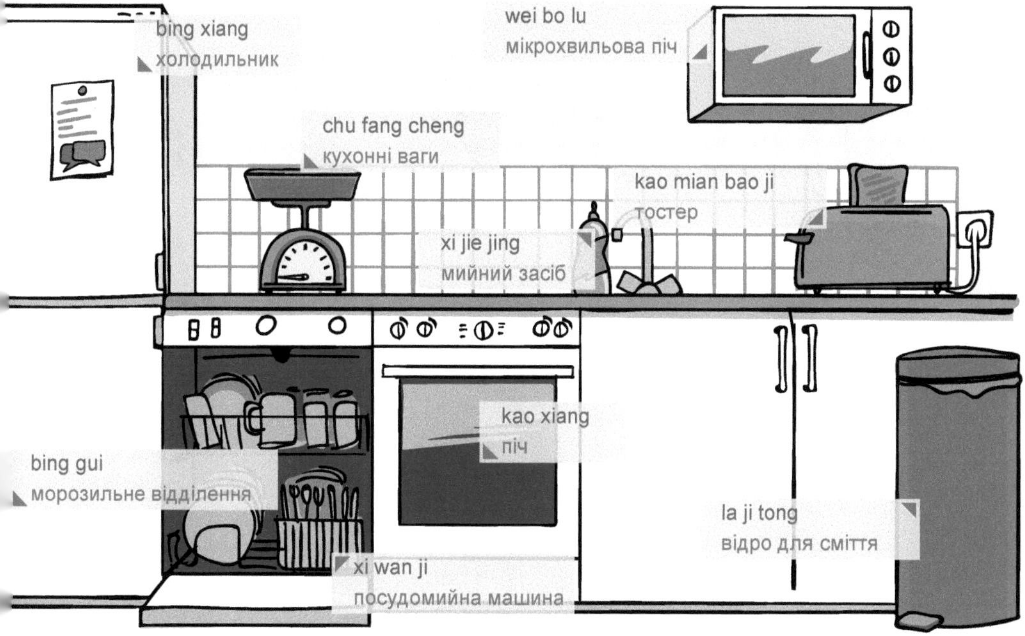

bing xiang
холодильник
wei bo lu
мікрохвильова піч
chu fang cheng
кухонні ваги
kao mian bao ji
тостер
xi jie jing
мийний засіб
kao xiang
піч
bing gui
морозильне відділення
la ji tong
відро для сміття
xi wan ji
посудомийна машина

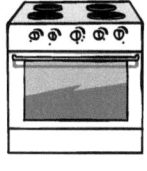

chui ju

плита

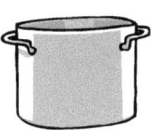

guo

горщик

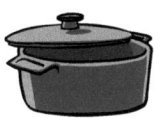

zhu tie guo

чавунний горщик

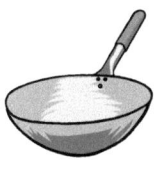

sha guo

вок / кадай

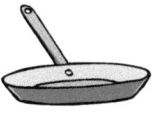

ping di guo

сковорода

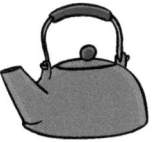

shui hu

чайник

zheng guo

пароварка

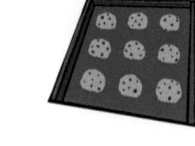

kao pan

лист

tao ci guo

посуд

ma ke bei

кухоль

wan

чаша

kuai zi

палички для їжі

chang bing shao

черпак

chan zi

лопатка

jiao ban qi

вінчик для збивання

lü wang

сито

shai zi

сито

mo sui ji

терка

yan bo

ступка

shao kao

барбекю

ming huo

багаття

cai ban

дошка

gan mian zhang

качалка

kai ping qi

штопор

guan zi

конзерва

kai ping qi

відкривачка

ge re shou tao

прихватки

shui cao

раковина

shua zi

щітка

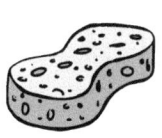

hai mian

губка

jiao ban ji

міксер

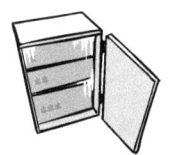

leng cang xiang

морозильна камера

nai ping

дитяча пляшка

shui long tou

кран

chu fang - кухня

yu shi

ванна кімната

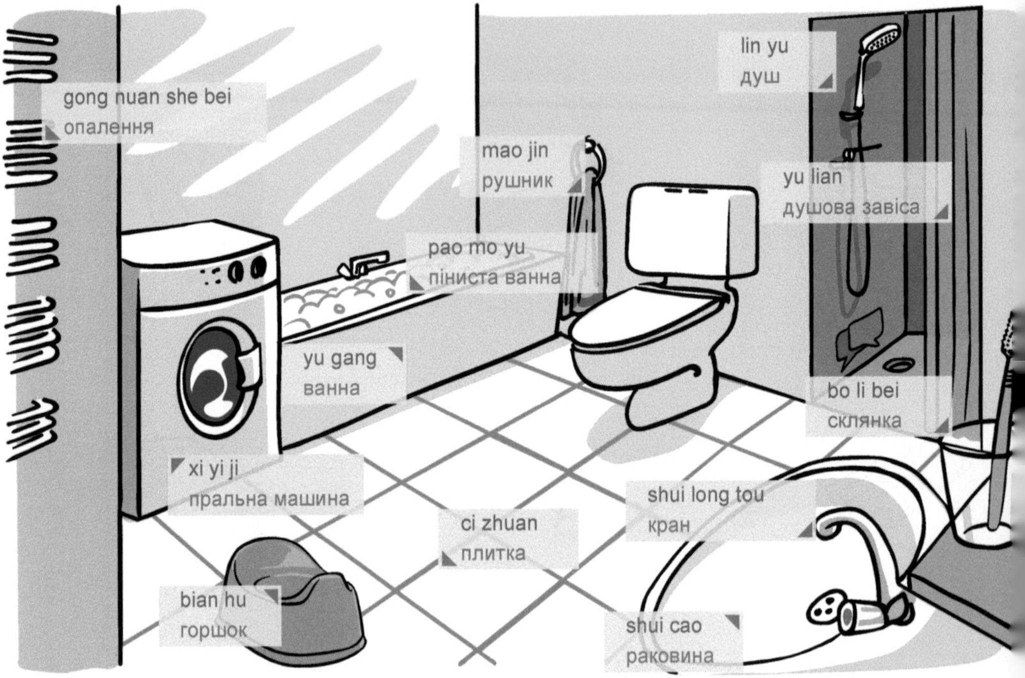
gong nuan she bei
опалення
lin yu
душ
mao jin
рушник
yu lian
душова завіса
pao mo yu
пiниста ванна
yu gang
ванна
bo li bei
склянка
xi yi ji
пральна машина
shui long tou
кран
ci zhuan
плитка
bian hu
горшок
shui cao
раковина

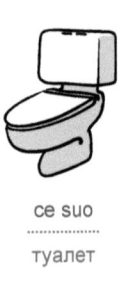

ce suo

туалет

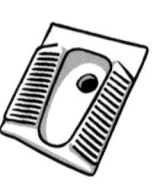

dun bian qi

підлоговий туалет

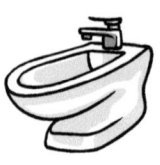

zuo yu qi

біде

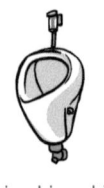

xiao bian chi

пісуар

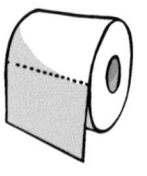

ce zhi

туалетний папір

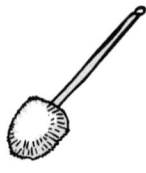

ma tong shua

щітка для туалету

ya shua

зубна щітка

ya gao

зубна паста

ya xian

нитка для чищення зубів

xi

мити

shou chi shi pen lin tou

ручний душ

chong xi qi

інтимний душ

xi lian pen

таз

ca bei shua

щітка для спини

fei zao

мило

mu yu lu

гель для душу

xi fa shui

шампунь

fa lan rong

мочалка

pai shui

водостік

ru shuang

крем

chu chou ji

дезодорант

jing zi

дзеркало

shou jing

косметичне дзеркало

ti xu dao

бритва

ti xu pao mo

піна для гоління

xu hou shui

лосьйон після гоління

shu zi

гребінь

shua zi

щітка

chui feng ji

фен

pen fa ding xing ji

лак для волосся

hua zhuang pin

косметика

chun gao

губна помада

zhi jia you

лак для нігтів

hua zhuang mian

вата

zhi jia jian

ножиці для нігтів

xiang shui

парфум

xi shu bao

косметичка

deng zi

табурет

ji zhong cheng

ваги

yu pao

халат

xiang jiao shou tao

гумові рукавички

wei sheng mian tiao

тампон

wei sheng jin

гігієнічні прокладки

hua xue ce suo

біотуалет

er tong fang
дитяча кімната

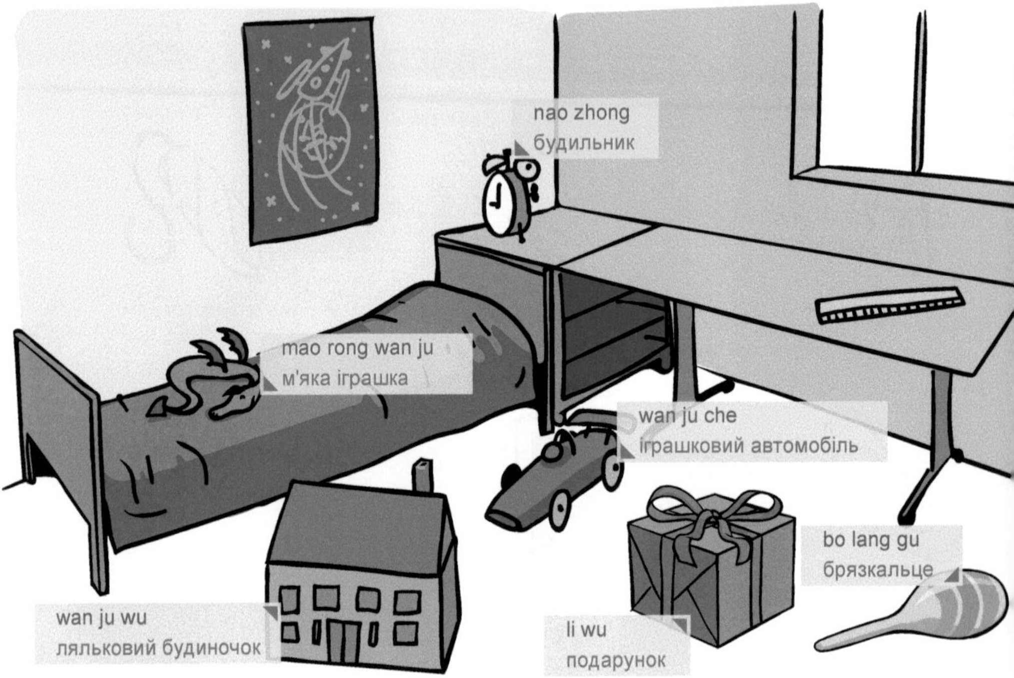
nao zhong
будильник
mao rong wan ju
м'яка іграшка
wan ju che
іграшковий автомобіль
bo lang gu
брязкальце
wan ju wu
ляльковий будиночок
li wu
подарунок

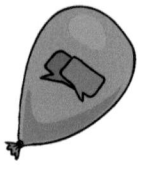

qi qiu

повітряна кулька

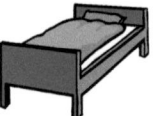

chuang

ліжко

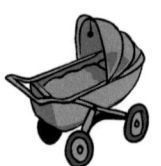

(yang wa wa yong)ying er che

дитячий візок

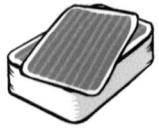

pu ke pai

картярська гра

pin tu

пазл

SUPER MEGA

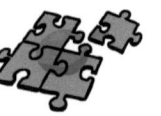

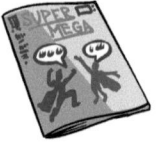

man hua

комікс

le gao ji mu

лего цеглинки

ji mu wan ju

блоки

wan ju ren

іграшкова фігурка

ying er fu

повзунки

fei pan

фризбі

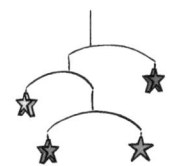

chuang ling wan ju

мобіле

qi pan you xi

настільна гра

shai zi

кубик

huo che mo xing

модель залізнична станція

an fu nai zui

соска

ju hui

вечірка

hui ben

книжка з картинками

qiu

м'яч

yang wa wa

лялька

wan

грати

sha keng

пісочниця

qiu qian

гойдалка

wan ju

іграшка

you xi ji

гральна консоль

san lun che

триколісний велосипед

tai di xiong

плюшевий мішка

yi chu

шафа

yi fu

одяг

wa zi

шкарпетки

chang wa

панчохи

jin shen ku

колготки

wei jin
шарф

yu san
парасоля

pi dai
ремінь

T xu
футболка

xue zi
чоботи

tuo xie
домашнє взуття

yun dong xie
кросівки

liang xie
сандалі

xie
взуття

yu xue
гумові чоботи

nei ku
труси

xiong zhao
бюстгальтер

bei xin
нижня сорочка

yi fu - одяг

shen ti

боді

ku zi

штани

niu zai ku

джинси

duan qun

спідниця

nü shi chen shan

блузка

chen shan

сорочка

tao tou shan

пуловер

wei yi

светр

xi zhuang jia ke

піджак

jia ke

куртка

wai tao

пальто

yu yi

дощовик

tao zhuang

костюм

lian yi qun

сукня

hun sha

весільна сукня

xi zhuang

костюм

shui pao

нічна сорочка

shui yi

піжама

sha li

сарі

tou jin

головна хустка

bao tou jin

чалма

bo ka

бурка

ka fu tan

кафтан

(a la bo shi)chang pao

абая

yong yi

купальник

nan shi yong ku

плавки

duan ku

шорти

yun dong fu

тренувальний костюм

wei qun

фартух

shou tao

рукавички

yi fu - одяг

niu kou

гудзик

yan jing

окуляри

shou lian

браслет

xiang lian

ланцюг

jie zhi

кільце

er huan

сережка

bian mao

шапка

yi jia

плічка

mao zi

капелюх

ling dai

краватка

la lian

застібка-блискавка

tou kui

шолом

bei dai

підтяжки

xiao fu

шкільна форма

zhi fu

уніформа

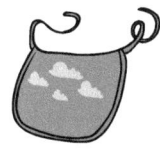

wei dou

нагрудник

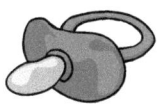

an fu nai zui

соска

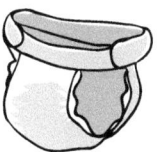

niao bu shi

підгузок

ban gong shi

офіс

fu wu qi
сервер
wen jian gui
шаф для документів
da yin ji
принтер
zhi
папір
xian shi ping
монітор
shu biao
миша
ban gong zhuo
письмовий стіл
wen jian jia
папка
jian pan
синтезатор
fei zhi kuang
кошик для паперу
dian nao
комп'ютер
yi zi
стілець

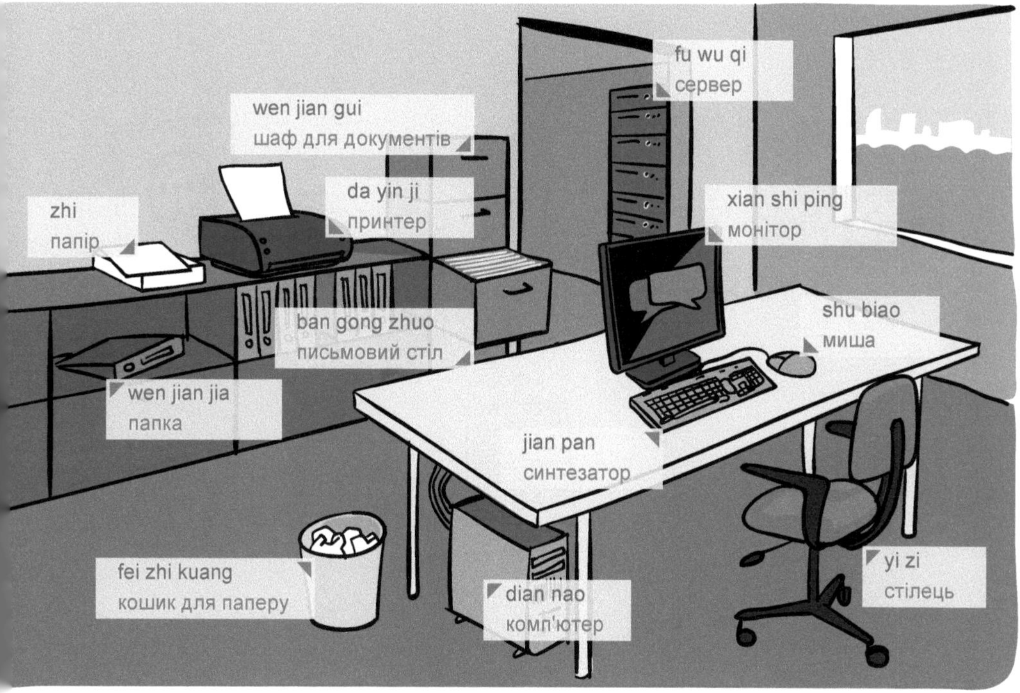

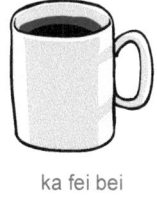

ka fei bei

кавовий кухоль

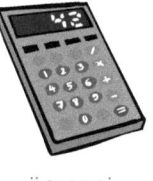

ji suan qi

калькулятор

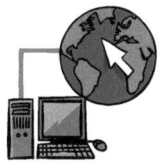

yin te wang

інтернет

bi ji ben dian nao

ноутбук

xin jian

лист

xiao xi

повідомлення

shou ji

мобільний телефон

wang luo

мережа

fu yin ji

копіювальний пристрій

ruan jian

програмне забезпечення

dian hua

телефон

cha zuo

розетка

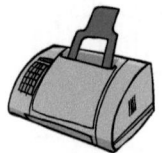

chuan zhen ji

факс

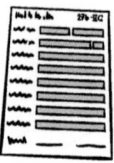

biao ge

бланк

wen jian

документ

mai

купувати

fu qian

платити

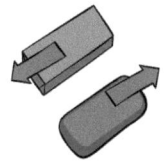

jiao yi

торгувати

xian jin

гроші

mei yuan

долар

ou yuan

євро

ri yuan

ієна

lu bu

рубль

rui shi fa lang

франк

ren min bi

юанів женьміньбі

lu bi

рупія

ti kuan chu

банкомат

wai bi dui huan chu

обмінний пункт

jin

золото

yin

срібло

shi you

нафта

neng yuan

енергія

jia ge

ціна

he tong

контракт

shui jin

податок

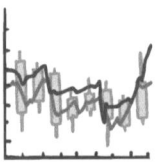

gu piao

акція

gong zuo

працювати

zhi yuan

працівник

lao ban

роботодавець

gong chang

фабрика

shang dian

магазин

zhi ye

професії

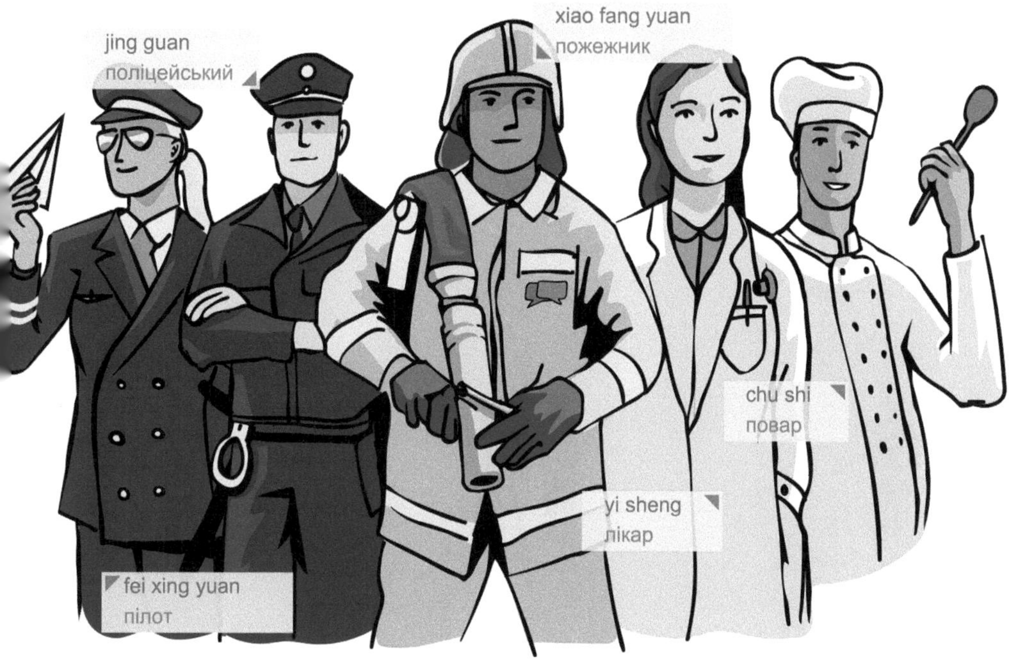
jing guan
поліцейський
xiao fang yuan
пожежник
chu shi
повар
yi sheng
лікар
fei xing yuan
пілот

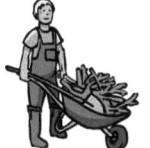

yuan ding

садівник

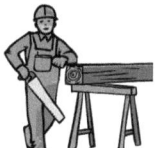

mu jiang

столяр

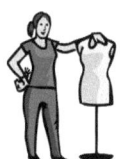

cai feng

швачка

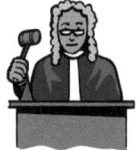

fa guan

суддя

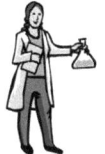

hua xue jia

хімік

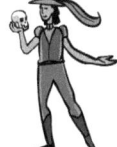

yan yuan

актор

gong jiao che si ji

водій автобуса

chu zu che si ji

таксист

yu fu

рибалка

qing jie nü gong

прибиральниця

wu ding gong

покрівельник

fu wu yuan

офіціант

lie ren

мисливець

hua jia

художник

mian bao shi

пекар

dian gong

електрик

jian zhu gong ren

будівельник

gong cheng shi

інженер

tu fu

забійник

shui guan gong

бляхар

you di yuan

листоноша

shi bing

солдат

jian zhu shi

архітектор

shou yin yuan

касир

hua nong

флорист

li fa shi

перукар

shou piao yuan

кондуктор

ji xie shi

механік

chuan zhang

капітан

ya yi

дантист

ke xue jia

вчений

la bi

рабин

yi ma mu

імам

he shang

монах

mu shi

пастор

gong ju
інструменти

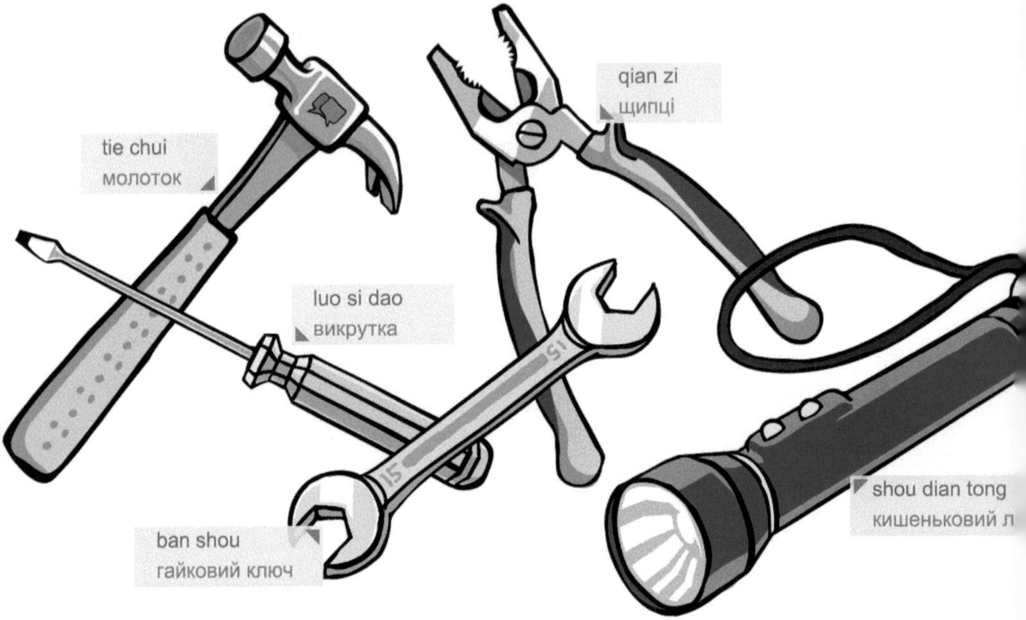

tie chui
молоток
qian zi
щипці
luo si dao
викрутка
shou dian tong
кишеньковий л
ban shou
гайковий ключ

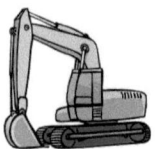

wa jue ji

екскаватор

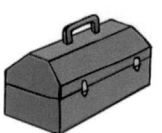

gong ju xiang

ящик для інструментів

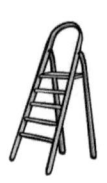

ti zi

драбина

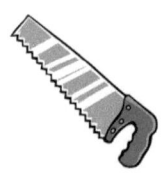

ju zi

пилка

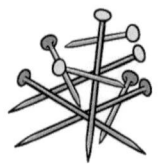

ding zi

цвяхи

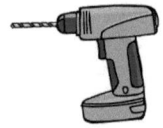

zuan ji

свердло

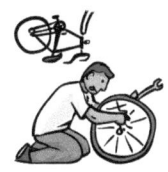

xiu

ремонтувати

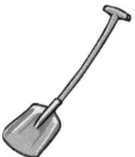

chan zi

лопата

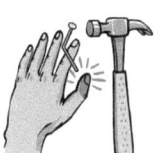

kao!

лайно!

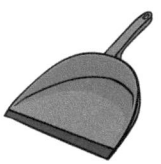

bo ji

совок

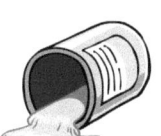

you qi tong

відро з фарбою

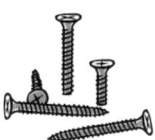

luo si

гвинти

yue qi
музичні інструменти

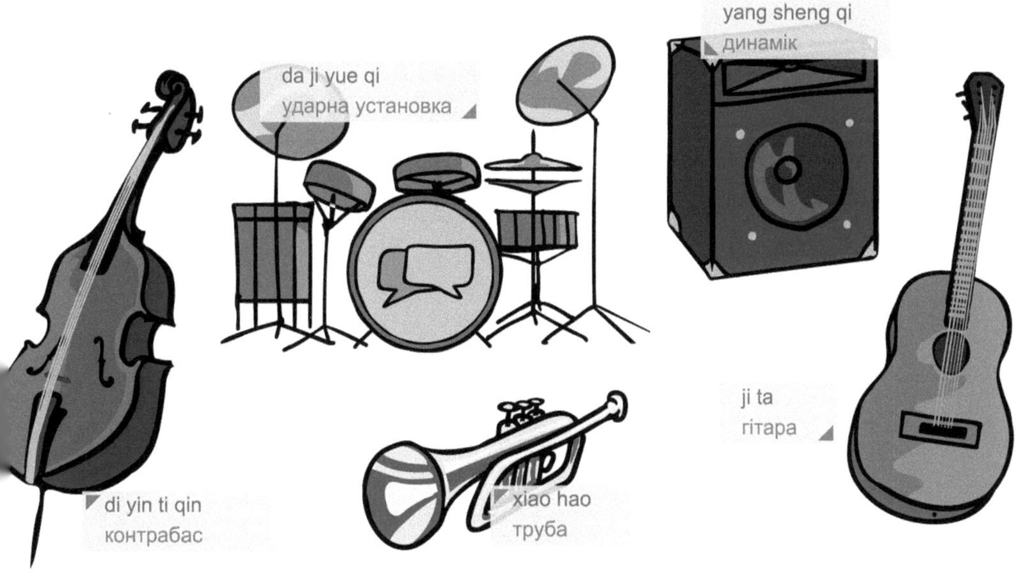
yang sheng qi
динамік
da ji yue qi
ударна установка
ji ta
гітара
di yin ti qin
контрабас
xiao hao
труба

gang qin

фортепіано

xiao ti qin

скрипка

bei si

бас

ding yin gu

литаври

gu

барабан

dian zi qin

клавіатура

sa ke si guan

саксофон

chang di

флейта

mai ke feng

мікрофон

dong wu yuan

зоопарк

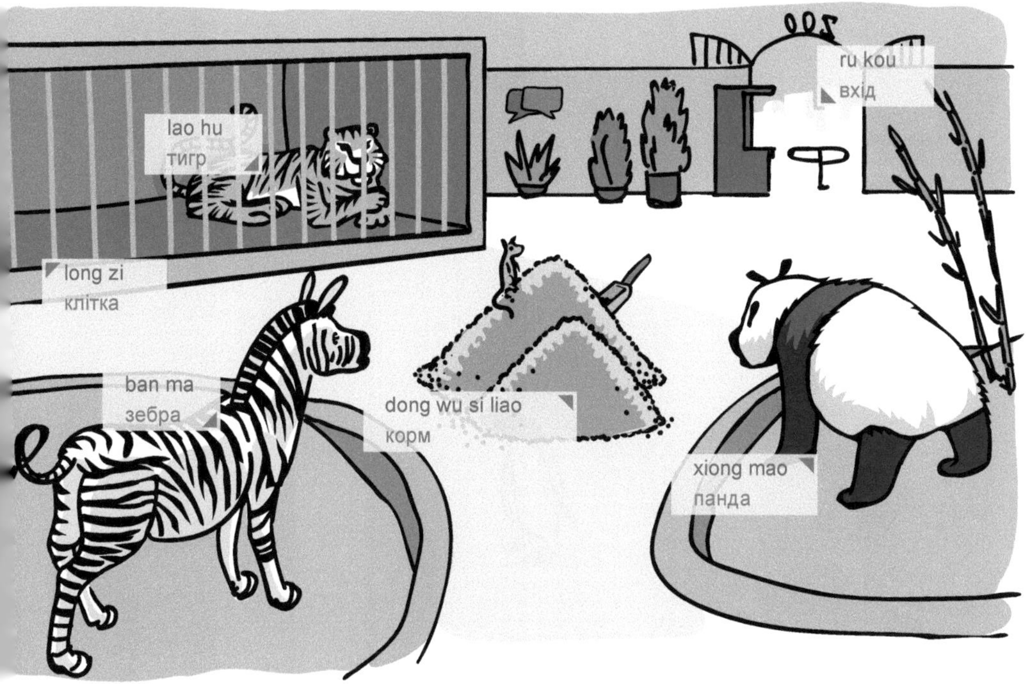
ru kou
вхід
lao hu
тигр
long zi
клітка
ban ma
зебра
dong wu si liao
корм
xiong mao
панда

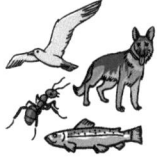

dong wu

тварини

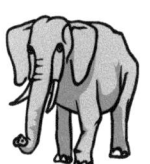

da xiang

слон

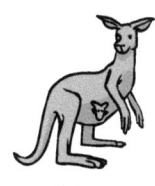

dai shu

кенгуру

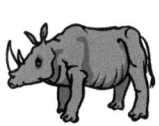

xi niu

носоріг

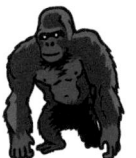

da xing xing

горила

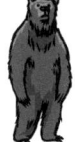

xiong

ведмідь

luo tuo

верблюд

tuo niao

страус

shi zi

лев

hou zi

мавпа

huo lie niao

фламінго

ying wu

папуга

bei ji xiong

білий ведмідь

qi e

пінгвін

sha yu

акула

kong que

павич

she

змія

e yu

крокодил

dong wu yuan guan li yuan

працівник зоопарку

hai bao

тюлень

mei zhou bao

ягуар

ai zhong ma

поні

bao

леопард

he ma

гіпопотам

chang jing lu

жираф

lao ying

орел

ye zhu

кабан

yu

риба

gui

черепаха

hai xiang

морж

hu li

лисиця

ling yang

газель

gan lan qiu
американський футбол

qi zi xing che
їзда на велосипеді

wang qiu
теніс

lan qiu
баскетбол

you yong
плавання

quan ji
бокс

bing qiu
хокей

ying shi zu qiu

футбол

yu mao qiu

бадмінтон

tian jing

легка атлетика

shou qiu

гандбол

hua xue

лижні перегони

ma qiu

поло

tiao — стрибати

yong bao — обіймати

xiao — сміятися

zou lu — йти

chang — співати

zuo meng — мріяти

qi dao — молитися

qin wen — цілувати

shu xie — писати

hua — малювати

zhan shi — показувати

tui — тиснути

gei — давати

na — брати

you

мати

zuo

робити

dang

бути

zhan

стояти

pao

бігати

la

тягнути

reng

кидати

shuai dao

падати

tang

лежати

deng dai

очікувати

xie dai

носити

zuo

сидіти

chuan yi

одягати

shui jiao

спати

xing lai

просипатися

kan

дивитися

ku

плакати

fu mo

гладити

shu tou

розчісувати

jiao tan

розмовляти

ming bai

розуміти

wen

питати

ting

слухати

he

пити

chi

їсти

qing li

прибирати

ai

любити

zuo fan

варити

kai che

їхати

fei

літати

hang xing

йти під вітрилом

ji suan

рахувати

du

читати

xue xi

вчитися

gong zuo

працювати

jie hun

одружуватися

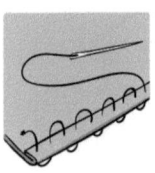

feng

шити

shua ya

чистити зуби

sha

убивати

chou yan

курити

ji

посилати

zu mu
бабуся

zu fu
дідуся

fu qin
батько

mu qin
мати

ying tong
немовля

nü er
донька

er zi
син

ke ren

гість

a yi

тітка

shu shu

дядько

xiong di

брат

jie mei

сестра

shen ti
тіло

qian e
чоло
yan jing
око
jian bang
плече
shou zhi
палець
lian
обличчя
xia ba
підборіддя
shou
кисть
tui
нога
ru fang
груди
shou bi
рука

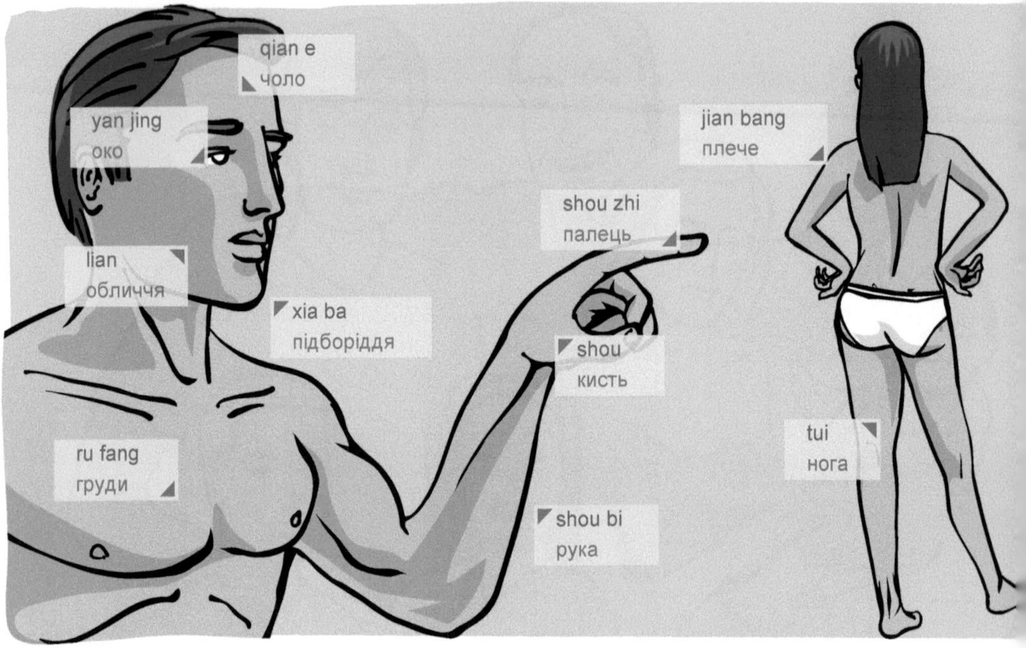

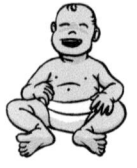

ying tong
немовля

nan ren
чоловік

nü ren
жінка

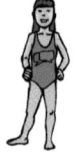

nü hai
дівчина

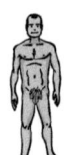

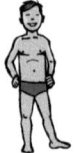

nan hai
хлопчик

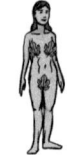

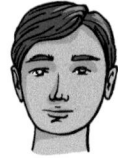

tou
голова

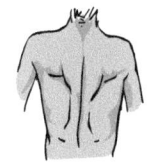

bei bu

спина

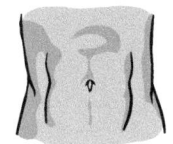

du zi

живіт

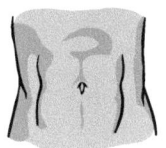

du qi

пуп

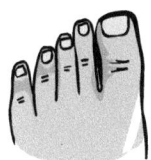

jiao zhi

палець ноги

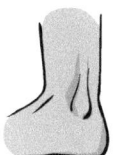

jiao hou gen

п'ята

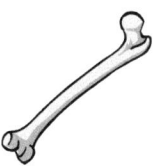

gu tou

кістка

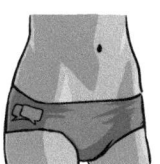

tun bu

стегно

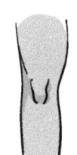

xi gai

коліно

shou zhou

лікоть

bi zi

ніс

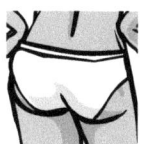

pi gu

сідниці

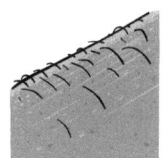

pi fu

шкіра

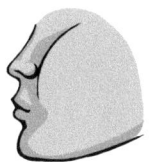

lian jia

щока

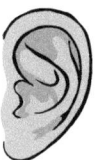

er duo

вухо

zui chun

губа

zui

рот

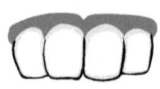

ya chi

зуб

she tou

язик

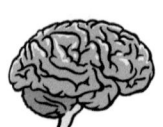

nao

мозок

xin zang

серце

ji rou

м'яз

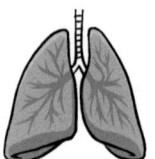

fei

легені

gan zang

печінка

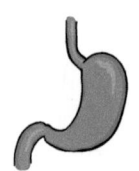

wei

шлунок

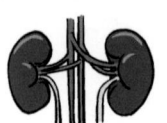

shen zang

нирки

xing jiao

статевий акт

bi yun tao

презерватив

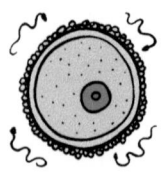

luan zi

яйцеклітина

jing zi

сперма

huai yun

вагітність

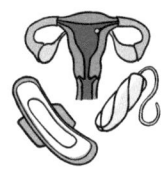

yue jing

менструація

yin dao

вагіна

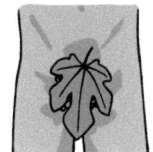

yin jing

пеніс

mei mao

брова

tou fa

волосся

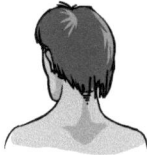

bo zi

шия

yi yuan
лікарня

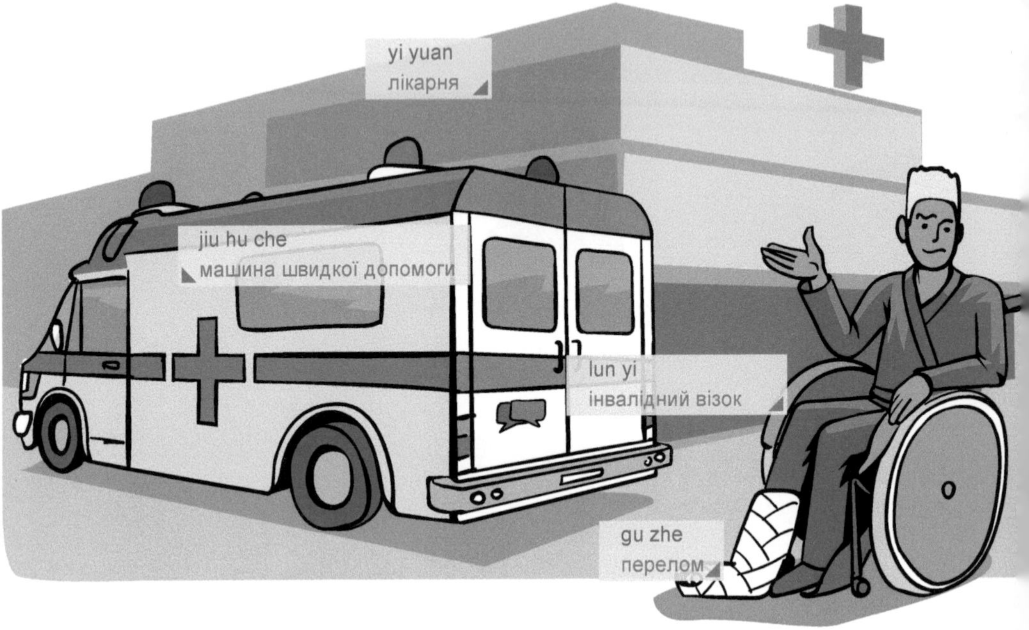

yi yuan
лікарня
jiu hu che
машина швидкої допомоги
lun yi
інвалідний візок
gu zhe
перелом

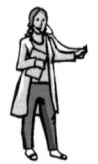

yi sheng

лікар

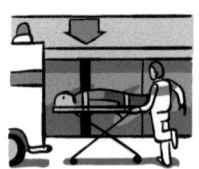

ji zhen shi

відділення швидкої медичної допомоги

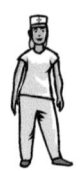

hu shi

медсестра

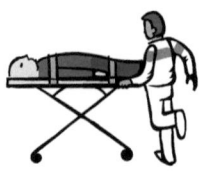

jin ji qing kuang

аварійний випадок

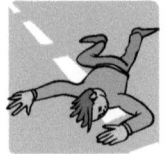

hun mi

непритомний

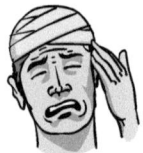

tong

біль

shou shang

травма

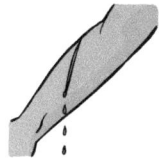

chu xue

кровотеча

xin zang bing fa zuo

інфаркт

zhong feng

інсульт

guo min

алергія

ke sou

кашель

fa shao

лихоманка

liu gan

грип

fu xie

пронос

tou tong

головна біль

ai zheng

рак

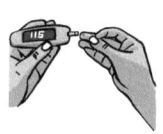

tang niao bing

діабет

wai ke yi sheng

хірург

shou shu dao

скальпель

shou shu

операція

yi yuan - лікарня

73

CT

КТ

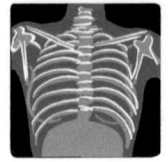

X guang

рентген

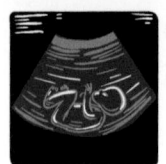

chao sheng bo

ультразвук

kou zhao

маска

ji bing

хвороба

hou zhen shi

зал очікування

guai zhang

милиця

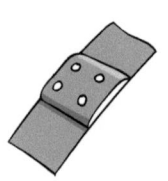

shi gao

пластир

beng dai

пов'язка

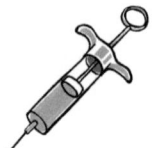

zhu she

ін'єкція

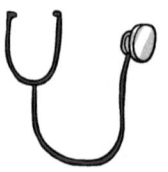

ting zhen qi

стетоскоп

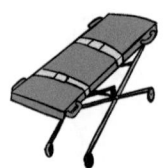

dan jia

ноші

ti wen ji

термометр

chu sheng

народження

chao zhong

надмірна вага

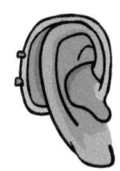

zhu ting qi

слуховий апарат

xiao du ye

дезінфікуючий засіб

gan ran

інфекція

bing du

вірус

ai zi bing

ВІЛ / СНІД

yao wu

медицина

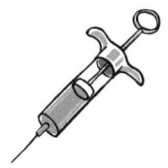

jie zhong yi miao

вакцинація

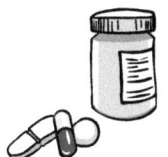

yao pian

таблетки

yao wan

протизаплідна пігулка

ji jiu dian hua

екстрений виклик

xue ya ji

тонометр

sheng bing/jian kang

хворий / здоровий

jin bao

сигнал тривоги

tu ji

напад

jiu ming!

Допоможіть!

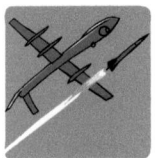

gong ji

атака

wei xian

небезпека

jin ji chu kou

аварійний вихід

zhao huo la!

Вогонь!

mie huo qi

вогнегасник

yi wai

аварія

ji jiu xiang

аптечка

hu jiu xin hao

COC

jing cha

поліція

ou zhou

Європа

bei mei zhou

Північна Америка

nan mei zhou

Південна Америка

fei zhou

Африка

ya zhou

Азія

ao zhou

Австралія

da xi yang

Атлантика

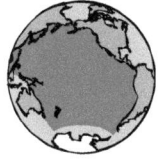

tai ping yang

Тихий океан

yin du yang

Індійський океан

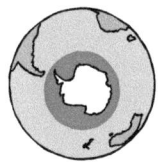

nan bing yang

Антарктичний океан

bei bing yang

Північний Льодовитий
океан

bei ji

Північний полюс

nan ji

Південний полюс

nan ji zhou

Антарктика

di qiu

Земля

lu di

суша

hai

море

dao

острів

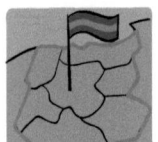

guo jia

нація

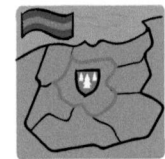

guo jia

держава

zhong mian

циферблат

shi zhen

годинникова стрілка

fen zhen

хвилинна стрілка

miao zhen

секундна стрілка

xian zai ji dian?

Котра година?

tian

день

shi jian

час

xian zai

зараз

dian zi biao

цифровий годинник

fen

хвилина

shi

година

zhou

тиждень

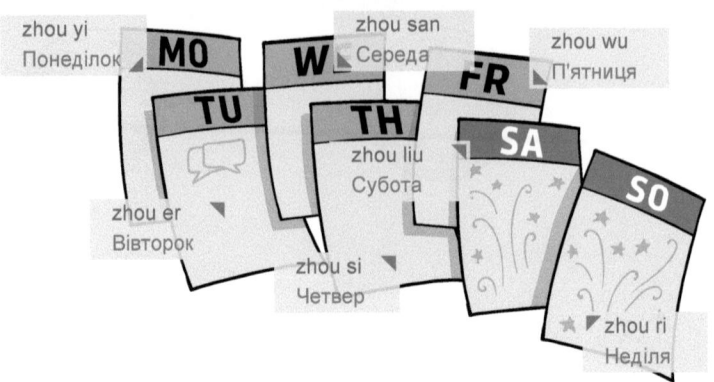

zhou yi — Понеділок
zhou er — Вівторок
zhou san — Середа
zhou si — Четвер
zhou wu — П'ятниця
zhou liu — Субота
zhou ri — Неділя

zuo tian

вчора

jin tian

сьогодні

ming tian

завтра

zao chen

ранок

zhong wu

опівдні

wan shang

вечір

MO	TU	WE	TH	FR	SA	SU
1	2	3	4	5	6	7
8	9	10	11	12	13	14
15	16	17	18	19	20	21
22	23	24	25	26	27	28
29	30	31	1	2	3	4

gong zuo ri

робочі дні

MO	TU	WE	TH	FR	SA	SU
1	2	3	4	5	6	7
8	9	10	11	12	13	14
15	16	17	18	19	20	21
22	23	24	25	26	27	28
29	30	31	1	2	3	4

zhou mo

кінець робочого тижня

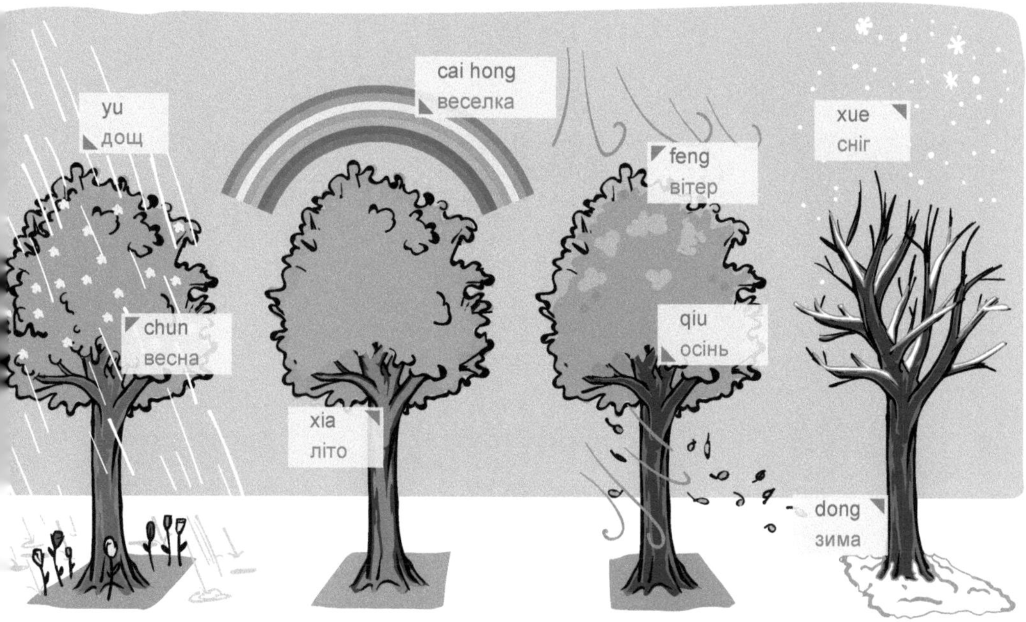

yu
дощ
cai hong
веселка
feng
вітер
xue
сніг
chun
весна
xia
літо
qiu
осінь
dong
зима

4.APRIL 11°
5.APRIL 4°
6.APRIL 13°
7.APRIL 8°
8.APRIL 10°

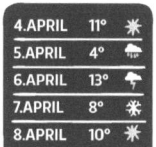

tian qi yu bao

прогноз погоди

F
C
120
90
60
30
0
-30
40
30
20
10
0
-10
-20

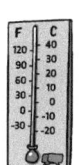

wen du ji

термометр

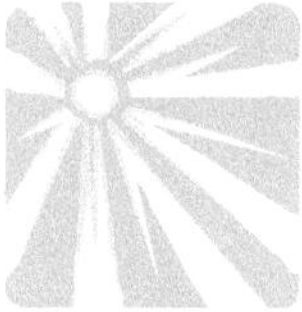

yang guang

сонячне світло

yun

хмара

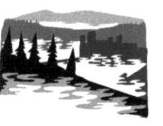

wu

туман

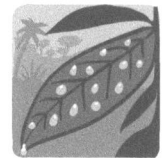

chao shi

вологість повітря

shan dian

блискавка

da lei

грім

feng bao

шторм

bing bao

град

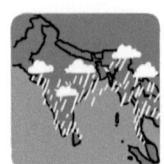

ji feng

мусон

hong shui

повінь

bing

лід

yi yue

Січень

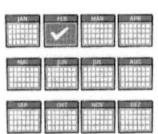

er yue

Лютий

san yue

Березень

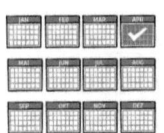

si yue

Квітень

wu yue

Травень

liu yue

Червень

qi yue

Липень

ba yue

Серпень

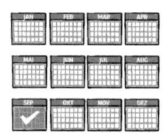

jiu yue

Вересень

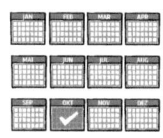

shi yue

Жовтень

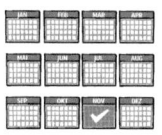

shi yi yue

Листопад

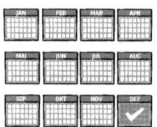

shi er yue

Грудень

xing zhuang

форми

yuan xing

круг

zheng fang xing

квадрат

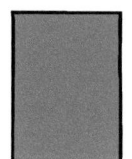

chang fang xing

прямокутник

san jiao xing

трикутник

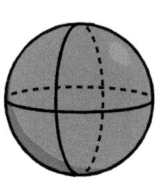

qiu ti

куля

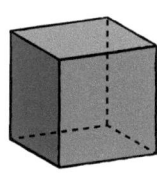

li fang ti

куб

bai

білий

huang

жовтий

cheng

помаранчевий

fen

рожевий

hong

червоний

zi

фіолетовий

lan

синій

lü

зелений

zong

коричневий

hui

сірий

hei

чорний

hen duo/shao xu

багато / мало

sheng qi/ping jing

лютий / мирний

mei/chou

гарний / бридкий

shou/wei

початок / кінець

da/xiao

великий / малий

ming/an

світлий / темний

xiong di/jie mei

брат / сестра

gan jing/ang zang

чистий / брудний

wan zheng/que shi

завершений /
незавершений

bai tian/wan shang

день / ніч

si/sheng

мертвий / живий

kuan/zhai

широкий / вузький

ke shi yong/fei shi yong

їстівний / неїстівний

xie e/shan liang

злий / дружній

xing fen/wu liao

збуджений / нудьгуючий

pang/shou

товстий / тонкий

di yi/zui hou

спочатку / востаннє

peng you/di ren

друг / ворог

man/kong

повний / порожній

ying/ruan

жорсткий / м'який

zhong/qing

важкий / легкий

e/ke

голод / спрага

sheng bing/jian kang

хворий / здоровий

fei fa/he fa

незаконний / законний

cong ming/yu ben

розумний / дурний

zuo/you

вліво / вправо

jin/yuan

поруч / далеко

xin/jiu

новий / використаний

mei you/you xie

нічого / щось

lao/you

старий / молодий

kai/guan

вкл / викл

da kai/he shang

відкрито / закрито

an jing/chao nao

тихо / гучно

fu/qiong

багатий / бідний

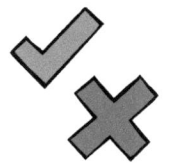

dui/cuo

правильно / неправильно

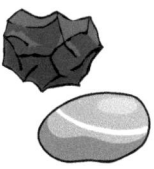

cu cao/guang hua

шорсткий / гладкий

shang xin/gao xing

сумний / щасливий

duan/chang

короткий / довгий

man/kuai

повільно / швидко

shi/gan

вологий / сухий

wen nuan/liang shuang

гарячий / холодний

zhan zheng/he ping

війна / мир

fan yi ci - протилежності

0

ling

нуль

1

yi

один

2

er

два

3

san

три

4

si

чотири

5

wu

п'ять

6

liu

шість

7

qi

сім

8

ba

вісім

9

jiu

дев'ять

10

shi

десять

11

shi yi

одинадцять

12
shi er

дванадцять

13
shi san

тринадцять

14
shi si

чотирнадцять

15
shi wu

п'ятнадцять

16
shi liu

шістнадцять

17
shi qi

сімнадцять

18
shi ba

вісімнадцять

19
shi jiu

дев'ятнадцять

20
er shi

двадцять

100
bai

сто

1.000
qian

тисяча

1.000.000
bai wan

мільйон

ying yu

англійська

mei shi ying yu

американська англійська

pu tong hua

китайська
високочиновницька

yin di yu

хінді

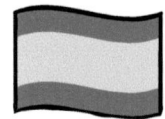

xi ban ya yu

іспанська

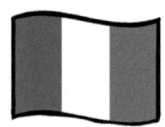

fa yu

французька

a la bo yu

арабська

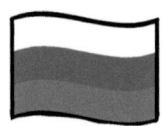

e yu

російська

pu tao ya yu

португальська

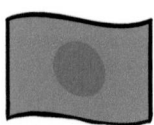

feng jia la yu

бенгальська

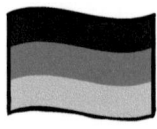

de yu

німецька

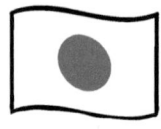

ri yu

японська

wo

я

ni

ти

ta/ta/ta

він / вона / воно

wo men

ми

ni men

ви

ta men

вони

shei?

хто?

shen me?

що?

zen yang?

як?

na li?

де?

shen me shi hou?

коли?

ming zi

ім'я

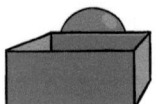

hou mian

ззаду

li mian

в

qian mian

перед

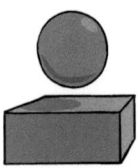

shang fang

над

shang mian

на

xia mian

під

pang bian

біля

zhong jian

між

di dian

місце